São Tarcísio
Novena e biografia

José Carlos dos Santos
(Frei Zeca)

São Tarcísio
Novena e biografia

Citações bíblicas: Bíblia Sagrada – tradução da CNBB, 2ª ed., 2002.

Editora responsável: Celina Weschenfelder
Equipe editorial

5ª edição – 2011
5ª reimpressão – 2022

Nenhuma parte desta obra poderá ser reproduzida ou transmitida por qualquer forma e/ou quaisquer meios (eletrônico ou mecânico, incluindo fotocópia e gravação) ou arquivada em qualquer sistema ou banco de dados sem permissão escrita da Editora. Direitos reservados.

Paulinas
Rua Dona Inácia Uchoa, 62
04110-020 – São Paulo – SP (Brasil)
Tel.: (11) 2125-3500
http://www.paulinas.com.br – editora@paulinas.com.br
Telemarketing e SAC: 0800-7010081
© Pia Sociedade Filhas de São Paulo – São Paulo, 2004

Introdução

Num mundo globalizado, que não se cansa de suscitar novidades, é uma graça imensa que a Igreja nos possa apresentar a vida de São Tarcísio como um exemplo. Ele é um testemunho de fé convincente e comovente, que os séculos da história não conseguiram fazer desaparecer.

Não temos à nossa disposição uma vasta biografia de São Tarcísio, mas o que dele sabemos é suficiente para o tomarmos como um modelo de vida e de amor pela Eucaristia. As crianças e adolescentes, especialmente os acólitos e os coroinhas, podem se espelhar em seu testemunho de amor e fé. A Igreja declarou Tarcísio padroeiro dos acólitos, dos coroinhas e dos ministros extraordinários da Eucaristia, bem como dos operários que sofrem perseguição pela fé católica que professam.

Desejo que esta novena seja uma preciosa ajuda a todos nós, cristãos, e nos leve a experimentar a graça de descobrirmos que Jesus Eucarístico é o grande tesouro que podemos receber e levar até nosso sacrário interior. Ele é o nosso mais precioso alimento e o grande mistério de termos o céu dentro de nós.

PRIMEIRO DIA

Conhecendo São Tarcísio

Tarcísio nasceu em Roma, provavelmente por volta do ano 245. Antes de completar sete anos, perdeu o pai e a mãe na mesma época. Foi, então, adotado por uma família que morava próximo à sua casa. Era tratado como filho e levava uma vida confortável, porém tudo isso não o fez esquecer a irreparável perda de seus pais.

Era um garoto sociável, nutria verdadeira amizade por seus amigos e companheiros e todos lhe queriam muito bem. Sua alma inocente sentia repugnância por tudo o que era baixo e pecaminoso. Não se deixava influenciar para realizar alguma má ação, lembrava-se sempre de sua querida mãezinha que lhe ensinara o caminho certo a seguir, embora seus pais verdadeiros não tivessem sido cristãos. Porém, os seus pais adotivos eram bons cristãos e prepararam-lhe o coração para o encontro fundamental e definitivo com Cristo.

Oração

Intercedei por nós, ó São Tarcísio, para que sejamos capazes de vencer o mal com a prática do bem e cultivemos a pureza do nosso coração e a fecundidade da nossa fé e do nosso amor.

Creio-em-Deus-Pai, Pai-Nosso, Salve--Rainha, Ave-Maria, Glória-ao-Pai...

Leitura bíblica

"Vós sois o sal da terra. Ora, se o sal perde seu sabor, com que se salgará? Não servirá para mais nada, senão para ser jogado fora e pisado pelas pessoas. Vós sois a luz do mundo..." (cf. Mt 5,13-16).

Oração final

Ó Deus glorioso e bendito, fonte inesgotável de amor e santidade. Nós vos louvamos e glorificamos por nos terdes dado São Tarcísio como precioso modelo de amor à Eucaristia e de pureza de coração.

Concedei-nos ainda, ó Senhor, por intercessão de São Tarcísio, aquela mesma sensibilidade que o ajudou a descobrir na Eucaristia o grande tesouro que expressa o vosso imenso amor por nós.

Derramai no coração de nossos jovens o sopro restaurador e santificador do vosso Espírito, para que sejam capazes de cultivar um profundo amor eucarístico.

Inspirai todas as famílias a educar os filhos nos fundamentos da fé e na prática do amor e das virtudes cristãs. Ajudai-nos a transformar a vida em Eucaristia, para que sejamos capazes de comungar na vida dos irmãos, com solicitude e fraternidade solidária.

São Tarcísio, rogai por nós!

Para refletir

"O Senhor é misericordioso e compassivo, lento para a cólera e rico em bondade" (Salmo 103,8).

SEGUNDO DIA

O desejo de ser cristão

Certo dia, Tarcísio viu um grande cortejo de nobres senhores e soldados elegantes por entre o ressoar de trombetas. Era uma homenagem ao imperador que exigia ser adorado como um "deus". Tudo aquilo lhe parecia muito estranho. Seus pais adotivos lhe disseram que os pagãos desprezavam o Deus dos cristãos, mas adoravam os falsos deuses. Já seus colegas afirmavam que os cristãos eram criminosos, devoravam crianças e mereciam ser mortos sem piedade, o que seus pais negavam e contradiziam: "Os cristãos são os únicos que se comportam como se deve".

Tarcísio também ouviu deles que os cristãos eram levados aos anfiteatros para serem devorados pelas feras. Encaminhavam-se para lá serenos e felizes, como se fossem ao encontro da felicidade. "Ah! Já compreendo — disse Tarcísio. Não será por que Cristo dá forças aos cristãos para sofrerem com paciência o martírio?" "É isso mesmo, filho!" — respondeu a mãe. Então Tarcísio perguntou: "E eu não posso também ser cristão?" "É claro que sim! Santo desejo, meu filho!"

Oração

Rogai por nós, ó São Tarcísio, para que possamos fazer do "ser cristão" bem mais que um título: uma expressão viva de nossa pertença a Cristo e de nosso compromisso com o Reino de Deus.

Creio-em-Deus-Pai, Pai-Nosso, Salve--Rainha, Ave-Maria, Glória-ao-Pai...

Leitura bíblica

"Felizes os pobres em espírito, porque deles é o Reino dos Céus. Felizes os que choram, porque serão consolados. Felizes os mansos, porque receberão a terra por herança. Felizes os que têm fome e sede de justiça, porque serão saciados. Felizes os misericordiosos, porque alcançarão misericórdia" (cf. Mt 5,3-7).

Oração final

Ó Deus glorioso e bendito, fonte inesgotável de amor e santidade. Nós vos louvamos e glorificamos por nos terdes dado São Tarcísio como precioso modelo de amor à Eucaristia e de pureza de coração.

Concedei-nos ainda, ó Senhor, por intercessão de São Tarcísio, aquela mesma sensibilidade que o ajudou a descobrir na Eucaristia o grande tesouro que expressa o vosso imenso amor por nós.

Derramai no coração de nossos jovens o sopro restaurador e santificador do vosso Espírito, para que sejam capazes de cultivar um profundo amor eucarístico.

Inspirai todas as famílias a educar os filhos nos fundamentos da fé e na prática do amor e das virtudes cristãs. Ajudai-nos a transformar a vida em Eucaristia, para que sejamos capazes de comungar na vida dos irmãos, com solicitude e fraternidade solidária.

São Tarcísio, rogai por nós!

Para refletir

"Buscai a paz com todos e a santidade, sem a qual ninguém verá a Deus" (cf. Hb 12,14).

TERCEIRO DIA
Iluminado pela luz do céu

Tarcísio exultou de contentamento ao saber que também podia ser cristão. Parecia que algo de sobrenatural lhe tivesse tocado o coração. A partir daquele dia, não quis mais perambular pelas ruas.

Passou a ter um comportamento exemplar. Demonstrava verdadeira veneração pelos idosos. Era como um manso cordeirinho que buscava se aproximar cada vez mais do Bom Pastor. Gostava imensamente de ouvir os exemplos de fé e heroísmo oferecidos pelos cristãos. Isso ajudava a crescer o seu amor por Jesus.

A luz do céu tomou conta de todas as dimensões de seu ser, fazendo-o experimentar o verdadeiro sentido de sua existência. Tomou a firme decisão de seguir e servir somente a Jesus, pois era ele a fonte daquela luz que o tomara por completo. Seu coração não admitia outro senhor. Só Jesus era o seu único e amado Senhor. Só por ele valia a pena viver e dar a vida.

Oração

Ó São Tarcísio, intercedei por nós a Deus, para que não caiamos na tentação de querermos amá-lo com um coração dividido. Que o proclamemos como nosso único Senhor e só a ele sirvamos em justiça e santidade.

Creio-em-Deus-Pai, Pai-Nosso, Salve--Rainha, Ave-Maria, Glória-ao-Pai...

Leitura bíblica

"Felizes os puros de coração, porque verão a Deus. Felizes os que promovem a paz, porque serão chamados filhos de Deus. Felizes os que são perseguidos por causa da justiça, porque deles é o Reino dos Céus" (Mt 5,8-10).

Oração final

Ó Deus glorioso e bendito, fonte inesgotável de amor e santidade. Nós vos louvamos e glorificamos por nos terdes dado São Tarcísio como precioso modelo de amor à Eucaristia e de pureza de coração.

Concedei-nos ainda, ó Senhor, por intercessão de São Tarcísio, aquela mesma sensibilidade que o ajudou a descobrir na Eucaristia o grande tesouro que expressa o vosso imenso amor por nós.

Derramai no coração de nossos jovens o sopro restaurador e santificador do vosso Espírito, para que sejam capazes de cultivar um profundo amor eucarístico.

Inspirai todas as famílias a educar os filhos nos fundamentos da fé e na prática do amor e das virtudes cristãs. Ajudai-nos a transformar a vida em Eucaristia, para que sejamos capazes de comungar na vida dos irmãos, com solicitude e fraternidade solidária.

São Tarcísio, rogai por nós!

Para refletir

"Para subir à montanha da santidade precisamos começar por descer ao vale da humildade" (Mesquita Pimentel).

QUARTO DIA

Tarcísio em busca do Batismo

Na época de Tarcísio, o Batismo era administrado geralmente aos adultos depois de um longo período de preparação. A pessoa que desejava ser batizada era apresentada ao bispo por um fiel, que dava testemunho de sua boa conduta. Depois disso, era admitida ao catecumenato, isto é, ao período de preparação para obter um profundo conhecimento da doutrina cristã e das exigências do ser cristão.

Tarcísio nutria um ardente desejo de tornar-se cristão, filho da Igreja, e de poder um dia dar a vida, em martírio, por Jesus.

Na quarta-feira da quarta semana da Quaresma, quando o Papa se reunia com os catecúmenos para o grande escrutínio, Tarcísio apresentou-se e o Papa lhe per-

guntou: "Amas muito a Nosso Senhor?".
Respondeu ele: "Sim, e não poderia viver
sem amá-lo. Foi ele quem me deu a vida e
me chamou para o seio da Igreja".

O Batismo de Tarcísio realizou-se no
sábado de Aleluia durante a vigília do
glorioso dia que lembra a Ressurreição
de Jesus. Um grande número de cristãos
participou da cerimônia, celebrada provavelmente na catacumba de São Calixto.
Ali, diante do Papa, ele professou a fé e foi
batizado. Os olhos de todos os presentes
brilhavam, pois algo de angélico transpa-
recia naquele rosto inocente e puro. Como
era o costume da época, após o Batismo,
recebeu também o sacramento da Crisma.
Estava pronto para defender a fé.

Oração

Rogai por nós, ó São Tarcísio, para
que, com a graça de Deus, sejamos fiéis
aos compromissos do nosso Batismo. E

como vós fizestes, saibamos levar Cristo aos irmãos, mais com exemplos do que com palavras.

Creio-em-Deus-Pai, Pai-Nosso, Salve--Rainha, Ave-Maria, Glória-ao-Pai...

Leitura bíblica

"Em verdade, em verdade, vos digo: se alguém não nascer do alto, não poderá ver o Reino de Deus!" Nicodemos perguntou: "Como pode alguém nascer, se já é velho?...". Jesus respondeu: "Em verdade, em verdade vos digo: se alguém não nascer da água e do Espírito Santo, não poderá entrar no Reino dos Céus" (cf. Jo 3,3-5).

Oração final

Ó Deus glorioso e bendito, fonte inesgotável de amor e santidade. Nós vos louvamos e glorificamos por nos terdes dado São Tarcísio como precioso modelo de amor à Eucaristia e de pureza de coração.

Concedei-nos ainda, ó Senhor, por intercessão de São Tarcísio, aquela mesma sensibilidade que o ajudou a descobrir na Eucaristia o grande tesouro que expressa o vosso imenso amor por nós.

Derramai no coração de nossos jovens o sopro restaurador e santificador do vosso Espírito, para que sejam capazes de cultivar um profundo amor eucarístico.

Inspirai todas as famílias a educar os filhos nos fundamentos da fé e na prática do amor e das virtudes cristãs. Ajudai-nos a transformar a vida em Eucaristia, para que sejamos capazes de comungar na vida dos irmãos, com solicitude e fraternidade solidária.

São Tarcísio, rogai por nós!

Para refletir

"Semeai amor e alegria, e nunca vos queixareis da vida" (Orison Swett Marden).

QUINTO DIA

O primeiro encontro com Jesus Eucarístico

No dia seguinte ao Batismo, Tarcísio voltou à catacumba para receber a Santa Comunhão. Não tinha palavras para exprimir a sua alegria. Ele seria alimentado pelo pão dos anjos, na certeza de que nada poderia separá-lo do amor de Cristo, nem mesmo a dureza da perseguição que estava se desencadeando sobre os cristãos.

Tarcísio participou da Santa Missa pela primeira vez. Preparou-se com sobriedade e fervor para aquele memorável encontro com Jesus. "Vinde a mim, ó Jesus, e não me abandoneis jamais. Eu quero ser todo vosso. Eu vos amo!" Enquanto rezava, uma paz inefável tomou conta do seu ser. Diante do altar, com as mãos postas, aproximou-se do banquete dos anjos. Ele mesmo parecia um anjo... Recebeu Jesus com toda fé e amor e pediu a graça de conservá-la no coração até o fim de sua vida.

Desde o dia do seu Batismo, passou a participar mais de perto da vida dos cristãos. Reunia-se com eles nas catacumbas para realizar as funções litúrgicas e proteger-se dos momentos de maior perigo. Sofria com eles ao ver que Jesus era odiado e perseguido. Com a certeza da presença do Mestre no meio deles, viviam felizes e estavam sempre prontos a dar a vida pela própria fé.

Oração

Ajudai-nos, ó São Tarcísio, com a vossa intercessão, para que participemos de cada Eucaristia celebrada com grande intensidade, como se fosse a primeira e também a última. Que sejamos inteiros para Cristo, pois ele se dá inteiramente a nós.

Creio-em-Deus-Pai, Pai-Nosso, Salve-
-Rainha, Ave-Maria, Glória-ao-Pai...

Leitura bíblica

"Em verdade, em verdade, vos digo:
não foi Moisés quem vos deu o pão do
céu. É meu Pai quem vos dá o verdadeiro
pão do céu. Pois o pão de Deus é aquele
que desce do céu e dá vida ao mundo"
(Jo 6,32-33).

Oração final

Ó Deus glorioso e bendito, fonte inesgotável de amor e santidade. Nós vos louvamos e glorificamos por nos terdes dado
São Tarcísio como precioso modelo de
amor à Eucaristia e de pureza de coração.

Concedei-nos ainda, ó Senhor, por intercessão de São Tarcísio, aquela mesma
sensibilidade que o ajudou a descobrir na
Eucaristia o grande tesouro que expressa
o vosso imenso amor por nós.

Derramai no coração de nossos jovens o sopro restaurador e santificador do vosso Espírito, para que sejam capazes de cultivar um profundo amor eucarístico.

Inspirai todas as famílias a educar os filhos nos fundamentos da fé e na prática do amor e das virtudes cristãs. Ajudai-nos a transformar a vida em Eucaristia, para que sejamos capazes de comungar na vida dos irmãos, com solicitude e fraternidade solidária.

São Tarcísio, rogai por nós!

Para refletir

"Acende a lâmpada do amor com a tua vida" (Tagore).

SEXTO DIA

Tarcísio, apóstolo da caridade

No ano 258, o império romano era governado por Valeriano. Marciano era o prefeito de Roma, que tolerava que a plebe seguisse a doutrina de Jesus, mas não suportava que os patrícios e os guerreiros a seguissem. Tanto fez que levou Valeriano a proclamar o edito de perseguição. Na noite daquele dia, em que o edito foi proclamado, o Papa Sisto II convocou os cristãos para se dirigirem às catacumbas e, assim, proferiu: "Irmãos e irmãs, filhos meus, todos em Nosso Senhor Jesus Cristo! As perseguições recomeçaram. Muitos dos nossos já foram levados para a escuridão do cárcere. Eles pedem o pão do céu. Mas como levá-los até eles? Quem ousará penetrar no cárcere? Quem se oferece?".

Do meio da assembleia, Tarcísio gritou: "Santo Padre, manda-me!". E o papa disse: "Tu, Tarcísio... tão jovem: tu, uma criança!". Ninguém me notará", afirmou Tarcísio. "Está bem, confiarei a ti, numa teca, Jesus na Eucaristia." E assim Tarcísio recebeu do Santo Padre a missão de levar Jesus aos cristãos no cárcere. Era uma prova de amor a Jesus e aos irmãos encarcerados que não poderiam ser jogados às feras sem antes terem sido fortificados com o corpo do Senhor. Tarcísio era, agora, um apóstolo da caridade.

Levava a comunhão aos cristãos enfermos e aos presos, os quais sentiam um alento de esperança, pois isso os ligava a Cristo, seu mestre e Senhor, reacendendo a fé e a força divina de que necessitavam. Assim fortalecidos, podiam testemunhar a fé e abraçar o martírio.

Oração

Rogai por nós, ó São Tarcísio, para que também sejamos portadores de Deus a todas as pessoas, especialmente às mais necessitadas da solicitude do nosso amor a ser oferecido em forma de pão, paz, perdão, presença fraterna ativa e solidária.

Creio-em-Deus-Pai, Pai-Nosso, Salve-Rainha, Ave-Maria, Glória-ao-Pai...

Leitura bíblica

Depois de lavar os pés dos discípulos, Jesus vestiu o manto e voltou ao seu lugar. Disse aos discípulos: "Entendeis o que eu vos fiz? Vós me chamais de Mestre e Senhor; e dizeis bem, porque sou. Se eu, o Senhor e Mestre, vos lavei os pés, também vós deveis lavar os pés uns aos outros" (Jo 13,12-14).

Oração final

Ó Deus glorioso e bendito, fonte inesgotável de amor e santidade. Nós vos louvamos e glorificamos por nos terdes dado São Tarcísio como precioso modelo de amor à Eucaristia e de pureza de coração.

Concedei-nos ainda, ó Senhor, por intercessão de São Tarcísio, aquela mesma sensibilidade que o ajudou a descobrir na Eucaristia o grande tesouro que expressa o vosso imenso amor por nós.

Derramai no coração de nossos jovens o sopro restaurador e santificador do vosso Espírito, para que sejam capazes de cultivar um profundo amor eucarístico.

Inspirai todas as famílias a educar os filhos nos fundamentos da fé e na prática do amor e das virtudes cristãs. Ajudai-nos a transformar a vida em Eucaristia, para que sejamos capazes de comungar na vida dos irmãos, com solicitude e fraternidade solidária.

São Tarcísio, rogai por nós!

Para refletir

"A caridade é uma virtude que não desacompanha jamais suas irmãs, a fé que dá ânimo e a esperança que alenta o coração" (Almeida Garret).

SÉTIMO DIA

O cordeiro entre os lobos

Um dia, Tarcísio recebeu a incumbência de levar o Cristo Eucarístico aos presos do cárcere Mamertino, no centro da cidade. Das catacumbas de São Calixto, localizadas fora dos muros que circundavam a cidade de Roma, seguiu caminho.

Enquanto ia andando, levando Jesus Cristo sobre o peito, não se cansava de rezar. Ele falava a Cristo e Cristo lhe falava. Parecia viver aquela frase do apóstolo Paulo: "Já não sou eu que vivo, é Cristo que vive em mim" (cf. Gl 2,20).

No caminho do cárcere, alguns pagãos viram que Tarcísio segurava uma pequena caixa sobre o peito e exigiram que lhes mostrasse o que estava carregando. Usaram de toda violência contra ele e apedrejaram-no.

Temendo que as hóstias fossem profanadas, ele, apesar de toda luta, conseguiu comungá-las. Rezando a Cristo, a quem amava de todo coração, caiu sangrando no chão. O juramento feito ao Santo Padre fora mantido: "Morrerei, mas não deixarei que seja profanado o precioso tesouro".

Oração

Nós vos pedimos, ó São Tarcísio, intercedei por nós ao Senhor para que nada e ninguém profanem o amor que nutrimos pela Eucaristia e não cedamos a nada e a ninguém o trono que Deus ocupa em nosso coração. Saibamos defender e combater o bom combate da fé!

Creio-em-Deus-Pai, Pai-Nosso, Salve--Rainha, Ave-Maria, Glória-ao-Pai...

Leitura bíblica

Os judeus discutiam entre si: "Como é que ele pode dar a sua carne a comer?".

Jesus disse: "Em verdade, em verdade, vos digo: se não comerdes a carne do Filho do Homem e não beberdes o seu sangue, não tereis a vida em vós..." (cf. Jo 6,52-55).

Oração final

Ó Deus glorioso e bendito, fonte inesgotável de amor e santidade. Nós vos louvamos e glorificamos por nos terdes dado São Tarcísio como precioso modelo de amor à Eucaristia e de pureza de coração.

Concedei-nos ainda, ó Senhor, por intercessão de São Tarcísio, aquela mesma sensibilidade que o ajudou a descobrir na Eucaristia o grande tesouro que expressa o vosso imenso amor por nós.

Derramai no coração de nossos jovens o sopro restaurador e santificador do vosso Espírito, para que sejam capazes de cultivar um profundo amor eucarístico.

Inspirai todas as famílias a educar os filhos nos fundamentos da fé e na prática do amor e das virtudes cristãs. Ajudai-nos a transformar a vida em Eucaristia, para que sejamos capazes de comungar na vida dos irmãos, com solicitude e fraternidade solidária.

São Tarcísio, rogai por nós!

Para refletir

"Muitas pessoas devem a grandeza de suas vidas a obstáculos que tiveram que superar" (Spurgeon).

OITAVO DIA

Tarcísio, o Mártir da Eucaristia

Um oficial romano, vendo aquele linchamento brutal, correu para salvar a vítima. Os algozes impiedosos se afastaram. O oficial, que se chamava Quadrato, ajoelhou-se, ergueu a cabeça ensanguentada do moço e reconheceu Tarcísio. Tomou o pequeno em seus braços e disse: "Confie em mim! Eu sou cristão. Por que fizeram isto a você?". Com voz fraca, Tarcísio explicou: "Eu ia levar a comunhão aos cristãos no cárcere. Pagãos me assaltaram e exigiram que eu lhes entregasse as hóstias... Não entreguei... Não suportaria ver o corpo de Cristo ser pisado e profanado por eles!".

Quadrato levou Tarcísio para as catacumbas, onde se encontravam outros cristãos. Antes de chegar, Tarcísio ainda pôde dizer baixinho: "Recebi Cristo em minha alma. Agora vou ficar com ele, no céu, para sempre". E morreu nos braços do oficial romano.

Os cristãos reunidos nas catacumbas receberam com grande comoção o corpo de Tarcísio. E ali mesmo, celebraram a Eucaristia, junto ao Mártir da Eucaristia. Conta-se que duas lágrimas desceram da face do Santo Padre que, ajoelhado, venerava o inocente mártir que permitiu ser torturado para não ver profanada a sagrada Eucaristia.

Oração

Ouvi a nossa prece, ó São Tarcísio, e rogai a Deus por nós, para que encontremos, na Eucaristia, a força de assumir com coragem, amor e humildade as exigências cristãs.

Creio-em-Deus-Pai, Pai-Nosso, Salve--Rainha, Ave-Maria, Glória-ao-Pai...

Leitura bíblica

"Quem consome a minha carne e bebe o meu sangue permanece em mim, e eu nele. Como o Pai, que vive, me enviou, e eu vivo por meio do Pai, assim aquele que me consome viverá por meio de mim. Este é o pão que desceu do céu..." (cf. Jo 6,56-58).

Oração final

Ó Deus glorioso e bendito, fonte inesgotável de amor e santidade. Nós vos louvamos e glorificamos por nos terdes dado São Tarcísio como precioso modelo de amor à Eucaristia e de pureza de coração.

Concedei-nos ainda, ó Senhor, por intercessão de São Tarcísio, aquela mesma sensibilidade que o ajudou a descobrir na Eucaristia o grande tesouro que expressa o vosso imenso amor por nós.

Derramai no coração de nossos jovens o sopro restaurador e santificador do vosso

Espírito, para que sejam capazes de cultivar um profundo amor eucarístico.

Inspirai todas as famílias a educar os filhos nos fundamentos da fé e na prática do amor e das virtudes cristãs. Ajudai-nos a transformar a vida em Eucaristia, para que sejamos capazes de comungar na vida dos irmãos, com solicitude e fraternidade solidária.

São Tarcísio, rogai por nós!

Para refletir

"Quando a vida se torna Eucaristia, aprendemos a comungar na vida dos irmãos" (Frei Zeca).

NONO DIA

Quando a vida se torna Eucaristia

A tarefa mais urgente de quem recebe Jesus é transformar a vida em Eucaristia. É muito pouco comungar todos os domingos, se não nos transformamos naquele que comungamos.

A exemplo de Tarcísio, somos convidados a ser apóstolos da caridade. Aquelas palavras de Cristo: "Isto é meu Corpo — Isto é meu Sangue", devem valer para nós no exercício de nossa fé e na prática do nosso amor. Na Igreja, celebramos a Eucaristia. No dia a dia, procuramos vivê-la com todas as suas exigências. Cristo deu a vida por nós. Amou-nos até as últimas consequências. Não podemos amar de modo diferente.

Quando a vida se torna Eucaristia, aprendemos a comungar na vida dos irmãos. Tornamo-nos solícitos e solidários. Multiplicamos nossos dons e protagonizamos o milagre da partilha. Evangelizamos pelas palavras e pelo nosso exemplo de vida. Geramos esperança. Reconstruímos a ponte do perdão e da paz.

Quando a vida se torna Eucaristia, experimentamos o céu dentro de nós. Agigantamo-nos diante de todo e qualquer desafio, porque acreditamos deveras que Deus tudo pode. Compreendemos que nada nos poderá separar do amor de Cristo porque ele mesmo nos garantiu: "Estarei com vocês todos os dias até o fim do mundo!". E ainda: "Eu sou o pão vivo que desceu do céu. Quem come deste pão viverá para sempre".

Oração

Buscamos, ó São Tarcísio, a vossa constante intercessão, para que possamos compreender o valor e a força da santíssima Eucaristia. Desejamos ter uma vivência eucarística, que seja ação de graças a Deus e de amor solidário em favor dos irmãos.

Creio-em-Deus-Pai, Pai-Nosso, Salve-Rainha, Ave-Maria, Glória-ao-Pai...

Leitura bíblica

"Este é o meu mandamento: amai-vos uns aos outros, assim como eu vos amei. Ninguém tem amor maior do que aquele que dá a vida por seus amigos" (Jo 15,12-13).

Oração final

Ó Deus glorioso e bendito, fonte inesgotável de amor e santidade. Nós vos louvamos e glorificamos por nos terdes dado São Tarcísio como precioso modelo de amor à Eucaristia e de pureza de coração.

Concedei-nos ainda, ó Senhor, por intercessão de São Tarcísio, aquela mesma sensibilidade que o ajudou a descobrir na Eucaristia o grande tesouro que expressa o vosso imenso amor por nós.

Derramai no coração de nossos jovens o sopro restaurador e santificador do vosso Espírito para que sejam capazes de cultivar um profundo amor eucarístico.

Inspirai todas as famílias a educar os filhos nos fundamentos da fé e na prática do amor e das virtudes cristãs. Ajudai-nos a transformar a vida em Eucaristia, para que sejamos capazes de comungar na vida dos irmãos, com solicitude e fraternidade solidária.

São Tarcísio, rogai por nós!

Para refletir

"Felizes os que procedem com reti-dão, os que caminham na lei do Senhor" (Sl 119[118],1).

NOSSAS DEVOÇÕES
(Origem das novenas)

De onde vem a prática católica das novenas? Entre outras, podemos dar duas respostas: uma histórica, outra alegórica.

Historicamente, na Bíblia, no início do livro dos Atos dos Apóstolos, lê-se que, passados quarenta dias de sua morte na Cruz e de sua ressurreição, Jesus subiu aos céus, prometendo aos discípulos que enviaria o Espírito Santo, que lhes foi comunicado no dia de Pentecostes.

Entre a ascensão de Jesus ao céu e a descida do Espírito Santo, passaram-se nove dias. A comunidade cristã ficou reunida em torno de Maria, de algumas mulheres e dos apóstolos. Foi a primeira novena cristã. Hoje, ainda a repetimos todos os anos, orando, de modo especial, pela unidade dos cristãos. É o padrão de todas as outras novenas.

A novena é uma série de nove dias seguidos em que louvamos a Deus por suas maravilhas, em particular, pelos santos, por cuja intercessão nos são distribuídos tantos dons.

Alegoricamente, a novena é antes de tudo um ato de louvor ao Pai, ao Filho e ao Espírito Santo, Deus três vezes Santo. Três é número perfeito. Três vezes três, nove. A novena é louvor perfeito à Trindade. A prática de nove dias de oração, louvor e súplica confirma de maneira extraordinária nossa fé em Deus que nos salva, por intermédio de Jesus, de Maria e dos santos.

O Concílio Vaticano II afirma: "Assim como a comunhão cristã entre os que caminham na terra nos aproxima mais de Cristo, também o convívio com os santos nos une a Cristo, fonte e cabeça de que provêm todas as graças e a própria vida do povo de Deus" (Lumen Gentium, 50).

Nossas Devoções procura alimentar o convívio com Jesus, Maria e os santos, para nos tornarmos cada dia mais próximos de Cristo, que nos enriquece com os dons do Espírito e com todas as graças de que necessitamos.

Francisco Catão

Coleção Nossas Devoções

- *Os Anjos de Deus: novena* – Francisco Catão
- *Dulce dos Pobres: novena e biografia* – Marina Mendonça
- *Francisco de Paula Victor: história e novena* – Aparecida Matilde Alves
- *Frei Galvão: novena e história* – Pe. Paulo Saraiva
- *Imaculada Conceição* – Francisco Catão
- *Jesus, Senhor da vida: dezoito orações de cura* – Francisco Catão
- *João Paulo II: novena, história e orações* – Aparecida Matilde Alves
- *João XXIII: biografia e novena* – Marina Mendonça
- *Maria, Mãe de Jesus e Mãe da Humanidade: novena e coroação de Nossa Senhora* – Aparecida Matilde Alves
- *Menino Jesus de Praga: história e novena* – Giovanni Marques Santos
- *Nhá Chica: Bem-aventurada Francisca de Paula de Jesus* – Aparecida Matilde Alves
- *Nossa Senhora Achiropita: novena e biografia* – Antonio Sagrado Bogaz e Rodinei Carlos Thomazella
- *Nossa Senhora Aparecida: história e novena* – Maria Belém
- *Nossa Senhora da Cabeça: história e novena* – Mario Basacchi
- *Nossa Senhora da Luz: novena e história* – Maria Belém
- *Nossa Senhora da Penha: novena e história* – Maria Belém
- *Nossa Senhora da Salete: história e novena* – Aparecida Matilde Alves
- *Nossa Senhora das Graças ou Medalha Milagrosa: novena e origem da devoção* – Mario Basacchi
- *Nossa Senhora de Caravaggio: história e novena* – Leomar A. Brustolin e Volmir Comparin
- *Nossa Senhora de Fátima: novena* – Tarcila Tommasi
- *Nossa Senhora de Guadalupe: novena e história das aparições a São Juan Diego* – Maria Belém
- *Nossa Senhora de Nazaré: novena e história* – Maria Belém
- *Nossa Senhora Desatadora dos Nós: história e novena* – Frei Zeca
- *Nossa Senhora do Bom Parto: novena e reflexões bíblicas* – Mario Basacchi

- *Nossa Senhora do Carmo: novena e história* – Maria Belém
- *Nossa Senhora do Desterro: história e novena* – Celina Helena Weschenfelder
- *Nossa Senhora do Perpétuo Socorro: história e novena* – Mario Basacchi
- *Nossa Senhora Rainha da Paz: história e novena* – Celina Helena Weschenfelder
- *Novena à Divina Misericórdia* – Tarcila Tommasi
- *Novena das Rosas: história e novena de Santa Teresinha do Menino Jesus* – Aparecida Matilde Alves
- *Novena em honra ao Senhor Bom Jesus* – José Ricardo Zonta
- *Ofício da Imaculada Conceição: orações, hinos e reflexões* – Cristóvão Dworak
- *Orações do cristão: preces diárias* – Celina Helena Weschenfelder
- *Padre Pio: novena e história* – Maria Belém
- *Paulo, homem de Deus: novena de São Paulo Apóstolo* – Francisco Catão
- *Reunidos pela força do Espírito Santo: novena de Pentecostes* – Tarcila Tommasi
- *Rosário dos enfermos* – Aparecida Matilde Alves
- *Rosário por uma transformação espiritual e psicológica* – Gustavo E. Jamut
- *Sagrada Face: história, novena e devocionário* – Giovanni Marques Santos
- *Sagrada Família: novena* – Pe. Paulo Saraiva
- *Sant'Ana: novena e história* – Maria Belém
- *Santa Cecília: novena e história* – Frei Zeca
- *Santa Edwiges: novena e biografia* – J. Alves
- *Santa Filomena: história e novena* – Mario Basacchi
- *Santa Gemma Galgani: história e novena* – José Ricardo Zonta
- *Santa Joana d'Arc: novena e biografia* – Francisco de Castro
- *Santa Luzia: novena e biografia* – J. Alves
- *Santa Maria Goretti: história e novena* – José Ricardo Zonta
- *Santa Paulina: novena e biografia* – J. Alves
- *Santa Rita de Cássia: novena e biografia* – J. Alves

- *Santa Teresa de Calcutá: biografia e novena* – Celina Helena Weschenfelder
- *Santa Teresinha do Menino: novena e biografia* – Jesus Mario Basacchi
- *Santo Afonso de Ligório: novena e biografia* – Mario Basacchi
- *Santo Antônio: novena, trezena e responsório* – Mario Basacchi
- *Santo Expedito: novena e dados biográficos* – Francisco Catão
- *Santo Onofre: história e novena* – Tarcila Tommasi
- *São Benedito: novena e biografia* – J. Alves
- *São Bento: história e novena* – Francisco Catão
- *São Brás: história e novena* – Celina Helena Weschenfelder
- *São Cosme e São Damião: biografia e novena* – Mario Basacchi
- *São Cristóvão: história e novena* – Mário José Neto
- *São Francisco de Assis: novena e biografia* – Mario Basacchi
- *São Francisco Xavier: novena e biografia* – Gabriel Guarnieri
- *São Geraldo Majela: novena e biografia* – J. Alves
- *São Guido Maria Conforti: novena e biografia* – Gabriel Guarnieri
- *São José: história e novena* – Aparecida Matilde Alves
- *São Judas Tadeu: história e novena* – Maria Belém
- *São Marcelino Champagnat: novena e biografia* – Ir. Egídio Luiz Setti
- *São Miguel Arcanjo: novena* – Francisco Catão
- *São Pedro, Apóstolo: novena e biografia* – Maria Belém
- *São Roque: novena e biografia* – Roseane Gomes Barbosa
- *São Sebastião: novena e biografia* – Mario Basacchi
- *São Tarcísio: novena e biografia* – Frei Zeca
- *São Vito, mártir: história e novena* – Mario Basacchi
- *A Senhora da Piedade: setenário das dores de Maria* – Aparecida Matilde Alves
- *Tiago Alberione: novena e biografia* – Maria Belém